Your Favorite Expense Tracker

This special Expense Tracker belongs to:

- - - - - - - - - - - - -

Date:

- - - - - - - - - - -

Expense Tracker (Month)

Income 1		
Income 2		
Other income		
Total income		

Expenses

Month

Budget

Bill to be paid	Date Due	Amount	Paid	Note
			O	
			O	
			O	
			O	
			O	
			O	
			O	
			O	
			O	
			O	
			O	
			O	
			O	
			O	
			O	
			O	
			O	
			O	
			O	
			O	
			O	
Total				

Expense Tracker (Month)

Other Expenses	Date	Amount	Note
Total			

Total Expenses

Total Income

Difference

Notes

_____

_____

_____

_____

Expense Tracker (Week)

Month: Week of: Budget:

Monday	Date: ..../..../........
Description	**Amount**
Total	

Tuesday	Date: ..../..../........
Description	**Amount**
Total	

Wednesday	Date: ..../..../........
Description	**Amount**
Total	

Thursday	Date: ..../..../........
Description	**Amount**
Total	

Total Expenses: Balance:

Total Expenses: Balance:

Friday	Date: ..../..../.......	
Description		Amount
Total		

Saturday	Date: ..../..../.......	
Description		Amount
Total		

Sunday	Date: .../.../.....	
Description		Amount
Total		

Notes _____
_____
_____
_____
_____
_____
_____

Comments: _____
_____
_____
_____

Expense Tracker (Week)

Month: Week of: Budget:

Monday	Date: ..../..../........
Description	**Amount**
Total	

Tuesday	Date: ..../..../........
Description	**Amount**
Total	

Wednesday	Date: ..../..../........
Description	**Amount**
Total	

Thursday	Date: ..../..../........
Description	**Amount**
Total	

Total Expenses: Balance:

Total Expenses: Balance:

Friday	Date: ..../..../........
Description	**Amount**
Total	

Saturday	Date: ..../..../........
Description	**Amount**
Total	

Sunday	Date: .../.../.....
Description	**Amount**
Total	

Notes _____
_____
_____
_____
_____
_____
_____

Comments: _____
_____
_____
_____

Copyrighted Material

Expense Tracker (Week)

Month: Week of: Budget:

Monday	Date: ..../..../........
Description	**Amount**
Total	

Tuesday	Date: ..../..../........
Description	**Amount**
Total	

Wednesday	Date: ..../..../........
Description	**Amount**
Total	

Thursday	Date: ..../..../........
Description	**Amount**
Total	

Total Expenses: Balance:

Total Expenses: Balance:

Friday Description	Date: ..../..../....... Amount
Total	

Saturday Description	Date: ..../..../....... Amount
Total	

Sunday Description	Date: .../.../..... Amount
Total	

Notes _____
_____
_____
_____
_____
_____
_____
_____

Comments: _____
_____
_____
_____

Expense Tracker (Week)

Month: **Week of:** **Budget:**

Monday	Date: ..../..../........
Description	**Amount**
Total	

Tuesday	Date: ..../..../........
Description	**Amount**
Total	

Wednesday	Date: ..../..../........
Description	**Amount**
Total	

Thursday	Date: ..../..../........
Description	**Amount**
Total	

Total Expenses: Balance:

Total Expenses: Balance:

Friday	Date: ..../..../.......
Description	Amount
Total	

Saturday	Date: ..../..../.......
Description	Amount
Total	

Sunday	Date: .../.../.....
Description	Amount
Total	

Notes _____
_____
_____
_____
_____
_____
_____

Comments: _____
_____
_____
_____

Expense Tracker (Week)

Month: Week of: Budget:

Monday — Date: ..../..../........

Description	Amount
Total	

Tuesday — Date: ..../..../........

Description	Amount
Total	

Wednesday — Date: ..../..../........

Description	Amount
Total	

Thursday — Date: ..../..../........

Description	Amount
Total	

Total Expenses: Balance:

Total Expenses: Balance:

Friday Date: ..../..../........	
Description	Amount
Total	

Saturday Date: ..../..../........	
Description	Amount
Total	

Sunday Date: .../.../.....	
Description	Amount
Total	

Notes
_____
_____
_____
_____
_____
_____
_____

Comments: _____
_____
_____
_____

Expense Tracker (Month)

Income 1		
Income 2		
Other income		
Total income		

Expenses

Month

Budget

Bill to be paid	Date Due	Amount	Paid	Note
			O	
			O	
			O	
			O	
			O	
			O	
			O	
			O	
			O	
			O	
			O	
			O	
			O	
			O	
			O	
			O	
			O	
			O	
			O	
			O	
			O	
Total				

Expense Tracker (Month)

Other Expenses	Date	Amount	Note
Total			

Notes

Total Expenses

Total Income

Difference

Expense Tracker (Week)

Month:　　　　　　**Week of:**　　　　　　**Budget:**

Monday	Date: ..../..../.......
Description	**Amount**
Total	

Tuesday	Date: ..../..../.......
Description	**Amount**
Total	

Wednesday	Date: ..../..../.......
Description	**Amount**
Total	

Thursday	Date: ..../..../.......
Description	**Amount**
Total	

Total Expenses:　　　　　　Balance:

Total Expenses: Balance:

Friday	Date: ..../..../........
Description	**Amount**
Total	

Saturday	Date: ..../..../........
Description	**Amount**
Total	

Sunday	Date: .../.../.....
Description	**Amount**
Total	

Notes _____

_____

_____

_____

_____

_____

_____

_____

Comments: _____

_____

_____

_____

Expense Tracker (Week)

Month: Week of: Budget:

Monday	Date: ..../..../.......
Description	**Amount**
Total	

Tuesday	Date: ..../..../.......
Description	**Amount**
Total	

Wednesday	Date: ..../..../.......
Description	**Amount**
Total	

Thursday	Date: ..../..../.......
Description	**Amount**
Total	

Total Expenses: Balance:

Total Expenses: Balance:

Friday Date: ..../..../........	
Description	Amount
Total	

Saturday Date: ..../..../........	
Description	Amount
Total	

Sunday Date: .../.../.....	
Description	Amount
Total	

Notes _____
_____
_____
_____
_____
_____
_____

Comments: _____
_____
_____
_____

Expense Tracker (Week)

Month: Week of: Budget:

Monday Description	Date: ..../..../........ Amount
Total	

Tuesday Description	Date: ..../..../........ Amount
Total	

Wednesday Description	Date: ..../..../........ Amount
Total	

Thursday Description	Date: ..../..../........ Amount
Total	

Total Expenses: Balance:

Total Expenses: Balance:

Friday Description	Date: ..../..../....... Amount
Total	

Saturday Description	Date: ..../..../....... Amount
Total	

Sunday Description	Date: ..../..../..... Amount
Total	

Notes _____
_____
_____
_____
_____
_____
_____
_____

Comments: _____
_____
_____
_____

Expense Tracker (Week)

Month: Week of: Budget:

Monday	Date: ..../..../........
Description	**Amount**
Total	

Tuesday	Date: ..../..../........
Description	**Amount**
Total	

Wednesday	Date: ..../..../........
Description	**Amount**
Total	

Thursday	Date: ..../..../........
Description	**Amount**
Total	

Total Expenses: Balance:

Total Expenses: Balance:

Friday Date: ..../..../........	
Description	Amount
Total	

Saturday Date: ..../..../........	
Description	Amount
Total	

Sunday Date: ..../..../........	
Description	Amount
Total	

Notes

Comments:

Expense Tracker (Week)

Month: Week of: Budget:

Monday	Date: ..../..../.......
Description	**Amount**
Total	

Tuesday	Date: ..../..../.......
Description	**Amount**
Total	

Wednesday	Date: ..../..../.......
Description	**Amount**
Total	

Thursday	Date: ..../..../.......
Description	**Amount**
Total	

Total Expenses: Balance:

Total Expenses: Balance:

Friday	Date: ..../..../........
Description	**Amount**
Total	

Saturday	Date: ..../..../........
Description	**Amount**
Total	

Sunday	Date: ..../..../.....
Description	**Amount**
Total	

Notes _____
_____
_____
_____
_____
_____
_____
_____

Comments: _____
_____
_____
_____

Expense Tracker (Month)

Income 1		
Income 2		
Other income		
Total income		

Expenses

Month

Budget

Bill to be paid	Date Due	Amount	Paid	Note
			O	
			O	
			O	
			O	
			O	
			O	
			O	
			O	
			O	
			O	
			O	
			O	
			O	
			O	
			O	
			O	
			O	
			O	
			O	
			O	
			O	
	Total			

Expense Tracker (Month)

Other Expenses	Date	Amount	Note
Total			

Notes

Total Expenses

Total Income

Difference

Expense Tracker (Week)

Month: Week of: Budget:

Monday	Date: ..../..../........
Description	**Amount**
Total	

Tuesday	Date: ..../..../........
Description	**Amount**
Total	

Wednesday	Date: ..../..../........
Description	**Amount**
Total	

Thursday	Date: ..../..../........
Description	**Amount**
Total	

Total Expenses: Balance:

Total Expenses: Balance:

Friday	Date: ..../..../.......
Description	Amount
Total	

Saturday	Date: ..../..../.......
Description	Amount
Total	

Sunday	Date: .../.../.....
Description	Amount
Total	

Notes
_____
_____
_____
_____
_____
_____
_____
_____

Comments: _____
_____
_____
_____

Expense Tracker (Week)

Month: Week of: Budget:

Monday	Date: ..../..../........
Description	Amount
Total	

Tuesday	Date: ..../..../........
Description	Amount
Total	

Wednesday	Date: ..../..../........
Description	Amount
Total	

Thursday	Date: ..../..../........
Description	Amount
Total	

Total Expenses: Balance:

Total Expenses: Balance:

Friday Date: ..../..../........	
Description	Amount
Total	

Saturday Date: ..../..../........	
Description	Amount
Total	

Sunday Date: .../..../.....	
Description	Amount
Total	

Notes _____
_____
_____
_____
_____
_____
_____
_____

Comments: _____
_____
_____
_____

Expense Tracker (Week)

Month: Week of: Budget:

Monday	Date: ..../..../........
Description	**Amount**
Total	

Tuesday	Date: ..../..../........
Description	**Amount**
Total	

Wednesday	Date: ..../..../........
Description	**Amount**
Total	

Thursday	Date: ..../..../........
Description	**Amount**
Total	

Total Expenses: Balance:

Total Expenses: Balance:

Friday	Date: ..../..../.......
Description	**Amount**
Total	

Saturday	Date: ..../..../.......
Description	**Amount**
Total	

Sunday	Date: ..../..../.....
Description	**Amount**
Total	

Notes
_____
_____
_____
_____
_____
_____
_____
_____

Comments:
_____
_____
_____
_____

Expense Tracker (Week)

Month: **Week of:** **Budget:**

Monday	Date: ..../..../........
Description	**Amount**
Total	

Tuesday	Date: ..../..../........
Description	**Amount**
Total	

Wednesday	Date: ..../..../........
Description	**Amount**
Total	

Thursday	Date: ..../..../........
Description	**Amount**
Total	

Total Expenses: **Balance:**

Total Expenses: Balance:

Friday	Date: ..../..../........	Saturday	Date: ..../..../........
Description	**Amount**	**Description**	**Amount**
Total		Total	

Sunday	Date: .../.../.....
Description	**Amount**
Total	

Notes

Comments:

Expense Tracker (Week)

Month: Week of: Budget:

Monday	Date: ..../..../.......
Description	**Amount**
Total	

Tuesday	Date: ..../..../.......
Description	**Amount**
Total	

Wednesday	Date: ..../..../.......
Description	**Amount**
Total	

Thursday	Date: ..../..../.......
Description	**Amount**
Total	

Total Expenses: Balance:

Total Expenses: Balance:

Friday	Date: ..../..../........
Description	**Amount**
Total	

Saturday	Date: ..../..../........
Description	**Amount**
Total	

Sunday	Date: .../.../.....
Description	**Amount**
Total	

Notes _____
_____
_____
_____
_____
_____
_____
_____

Comments: _____
_____
_____
_____

Expense Tracker (Month)

Income 1		
Income 2		
Other income		
Total income		

Expenses

Month

Budget

Bill to be paid	Date Due	Amount	Paid	Note
			O	
			O	
			O	
			O	
			O	
			O	
			O	
			O	
			O	
			O	
			O	
			O	
			O	
			O	
			O	
			O	
			O	
			O	
			O	
			O	
			O	
Total				

Expense Tracker (Month)

Other Expenses	Date	Amount	Note
Total			

Notes

Total Expenses

Total Income

Difference

Expense Tracker (Week)

Month: Week of: Budget:

Monday	Date: ..../..../.......
Description	Amount
Total	

Tuesday	Date: ..../..../.......
Description	Amount
Total	

Wednesday	Date: ..../..../.......
Description	Amount
Total	

Thursday	Date: ..../..../.......
Description	Amount
Total	

Total Expenses: Balance:

Total Expenses: Balance:

Friday Description	Date: ..../..../....... Amount
Total	

Saturday Description	Date: ..../..../....... Amount
Total	

Sunday Description	Date: ..../..../..... Amount
Total	

Notes
_____
_____
_____
_____
_____
_____
_____
_____
_____

Comments: _____
_____
_____
_____

Expense Tracker (Week)

Month: **Week of:**   **Budget:**

Monday	Date: ..../..../.......
Description	Amount
Total	

Tuesday	Date: ..../..../.......
Description	Amount
Total	

Wednesday	Date: ..../..../.......
Description	Amount
Total	

Thursday	Date: ..../..../.......
Description	Amount
Total	

Total Expenses: Balance:

Total Expenses: Balance:

Friday Description	Date: ..../..../........ Amount
Total	

Saturday Description	Date: ..../..../........ Amount
Total	

Sunday Description	Date: .../.../..... Amount
Total	

Notes
_____
_____
_____
_____
_____
_____
_____
_____

Comments:
_____
_____
_____
_____

Expense Tracker (Week)

Month: Week of: Budget:

Monday	Date: ..../..../.......
Description	**Amount**
Total	

Tuesday	Date: ..../..../.......
Description	**Amount**
Total	

Wednesday	Date: ..../..../.......
Description	**Amount**
Total	

Thursday	Date: ..../..../.......
Description	**Amount**
Total	

Total Expenses: Balance:

Total Expenses: Balance:

Friday Description	Date: ..../..../........ Amount
Total	

Saturday Description	Date: ..../..../........ Amount
Total	

Sunday Description	Date: .../.../..... Amount
Total	

Notes
_____
_____
_____
_____
_____
_____
_____
_____

Comments:
_____
_____
_____
_____

Expense Tracker (Week)

Month: Week of: Budget:

Monday	Date: ..../..../........
Description	**Amount**
Total	

Tuesday	Date: ..../..../........
Description	**Amount**
Total	

Wednesday	Date: ..../..../........
Description	**Amount**
Total	

Thursday	Date: ..../..../........
Description	**Amount**
Total	

Total Expenses: Balance:

Total Expenses: Balance:

Friday	Date: ..../..../........
Description	**Amount**
Total	

Saturday	Date: ..../..../........
Description	**Amount**
Total	

Sunday	Date: ..../..../........
Description	**Amount**
Total	

Notes _____
_____
_____
_____
_____
_____
_____

Comments: _____
_____
_____
_____

Expense Tracker (Week)

Month: Week of: Budget:

Monday	Date: ..../..../........
Description	**Amount**
Total	

Tuesday	Date: ..../..../........
Description	**Amount**
Total	

Wednesday	Date: ..../..../........
Description	**Amount**
Total	

Thursday	Date: ..../..../........
Description	**Amount**
Total	

Total Expenses: Balance:

Total Expenses: Balance:

Friday	Date: ..../..../........
Description	Amount
Total	

Saturday	Date: ..../..../........
Description	Amount
Total	

Sunday	Date: .../.../.....
Description	Amount
Total	

Notes _____
_____
_____
_____
_____
_____
_____
_____

Comments: _____
_____
_____
_____

Expense Tracker (Month)

Income 1		
Income 2		
Other income		
Total income		

Expenses

Month

Budget

Bill to be paid	Date Due	Amount	Paid	Note
			O	
			O	
			O	
			O	
			O	
			O	
			O	
			O	
			O	
			O	
			O	
			O	
			O	
			O	
			O	
			O	
			O	
			O	
			O	
			O	
Total				

Expense Tracker (Month)

Other Expenses	Date	Amount	Note
Total			

Notes

Total Expenses   _____

_____

Total Income   _____

_____

Difference   _____

Expense Tracker (Week)

Month: **Week of:**   **Budget:**

Monday	Date: ..../..../.......
Description	**Amount**
Total	

Tuesday	Date: ..../..../.......
Description	**Amount**
Total	

Wednesday	Date: ..../..../.......
Description	**Amount**
Total	

Thursday	Date: ..../..../.......
Description	**Amount**
Total	

Total Expenses: Balance:

Total Expenses: Balance:

Friday	Date: ..../..../........
Description	**Amount**
Total	

Saturday	Date: ..../..../........
Description	**Amount**
Total	

Sunday	Date: .../.../.....
Description	**Amount**
Total	

Notes
_____
_____
_____
_____
_____
_____
_____
_____

Comments: _____
_____
_____
_____

Expense Tracker (Week)

Month: Week of: Budget:

Monday	Date: ..../..../........
Description	**Amount**
Total	

Tuesday	Date: ..../..../........
Description	**Amount**
Total	

Wednesday	Date: ..../..../........
Description	**Amount**
Total	

Thursday	Date: ..../..../........
Description	**Amount**
Total	

Total Expenses: Balance:

Total Expenses: Balance:

Friday Description	Date: ..../..../........ Amount
Total	

Saturday Description	Date: ..../..../........ Amount
Total	

Sunday Description	Date: ..../..../........ Amount
Total	

Notes
_____
_____
_____
_____
_____
_____
_____

Comments: _____
_____
_____
_____

Expense Tracker (Week)

Month:　　　　　　　**Week of:**　　　　　　　**Budget:**

Monday	Date: ..../..../.......
Description	**Amount**
Total	

Tuesday	Date: ..../..../.......
Description	**Amount**
Total	

Wednesday	Date: ..../..../.......
Description	**Amount**
Total	

Thursday	Date: ..../..../.......
Description	**Amount**
Total	

Total Expenses:　　　　　　　Balance:

Total Expenses:				Balance:

Friday Description	Date: ..../..../....... Amount
Total	

Saturday Description	Date: ..../..../....... Amount
Total	

Sunday Description	Date: .../.../..... Amount
Total	

Notes
_____
_____
_____
_____
_____
_____
_____
_____
_____

Comments:
_____
_____
_____
_____

Expense Tracker (Week)

Month: Week of: Budget:

Monday	Date: ..../..../.......
Description	**Amount**
Total	

Tuesday	Date: ..../..../.......
Description	**Amount**
Total	

Wednesday	Date: ..../..../.......
Description	**Amount**
Total	

Thursday	Date: ..../..../.......
Description	**Amount**
Total	

Total Expenses: Balance:

Total Expenses: Balance:

Friday	Date: ..../..../........
Description	**Amount**
Total	

Saturday	Date: ..../..../........
Description	**Amount**
Total	

Sunday	Date: .../.../.....
Description	**Amount**
Total	

Notes _____
_____
_____
_____
_____
_____
_____

Comments: _____
_____
_____
_____

Expense Tracker (Week)

Month: Week of: Budget:

Monday	Date: ..../..../........
Description	**Amount**
Total	

Tuesday	Date: ..../..../........
Description	**Amount**
Total	

Wednesday	Date: ..../..../........
Description	**Amount**
Total	

Thursday	Date: ..../..../........
Description	**Amount**
Total	

Total Expenses: Balance:

Total Expenses:					Balance:

Friday Description	Date: ..../..../........ Amount
Total	

Saturday Description	Date: ..../..../........ Amount
Total	

Sunday Description	Date: .../.../..... Amount
Total	

Notes _____
_____
_____
_____
_____
_____
_____

Comments: _____
_____
_____
_____

Expense Tracker (Month)

Income 1		
Income 2		
Other income		
Total income		

Expenses

Month

Budget

Bill to be paid	Date Due	Amount	Paid	Note
			O	
			O	
			O	
			O	
			O	
			O	
			O	
			O	
			O	
			O	
			O	
			O	
			O	
			O	
			O	
			O	
			O	
			O	
			O	
			O	
			O	
Total				

Expense Tracker (Month)

Other Expenses	Date	Amount	Note
Total			

Notes

Total Expenses

Total Income

Difference

Expense Tracker (Week)

Month:　　　　　　　Week of:　　　　　　　Budget:

Monday	Date: ..../..../........
Description	**Amount**
Total	

Tuesday	Date: ..../..../........
Description	**Amount**
Total	

Wednesday	Date: ..../..../........
Description	**Amount**
Total	

Thursday	Date: ..../..../........
Description	**Amount**
Total	

Total Expenses:　　　　　　　Balance:

Total Expenses: Balance:

Friday	Date: ..../..../........
Description	**Amount**
Total	

Saturday	Date: ..../..../........
Description	**Amount**
Total	

Sunday	Date: ..../..../.....
Description	**Amount**
Total	

Notes

Comments:

Expense Tracker (Week)

Month: Week of: Budget:

Monday	Date: ..../..../........
Description	**Amount**
Total	

Tuesday	Date: ..../..../........
Description	**Amount**
Total	

Wednesday	Date: ..../..../........
Description	**Amount**
Total	

Thursday	Date: ..../..../........
Description	**Amount**
Total	

Total Expenses: Balance:

Total Expenses: Balance:

Friday Description	Date: ..../..../........ Amount
Total	

Saturday Description	Date: ..../..../........ Amount
Total	

Sunday Description	Date: ..../..../..... Amount
Total	

Notes
_____
_____
_____
_____
_____
_____
_____
_____

Comments:
_____
_____
_____
_____

Expense Tracker (Week)

Month: Week of: Budget:

Monday	Date: ..../..../........
Description	**Amount**
Total	

Tuesday	Date: ..../..../........
Description	**Amount**
Total	

Wednesday	Date: ..../..../........
Description	**Amount**
Total	

Thursday	Date: ..../..../........
Description	**Amount**
Total	

Total Expenses: Balance:

Total Expenses: Balance:

Friday Date: ..../..../.......	
Description	Amount
Total	

Saturday Date: ..../..../.......	
Description	Amount
Total	

Sunday Date: .../.../.....	
Description	Amount
Total	

Notes _____
_____
_____
_____
_____
_____
_____
_____

Comments: _____
_____
_____
_____

Expense Tracker (Week)

Month: Week of: Budget:

Monday Description	Date: ..../..../........ Amount
Total	

Tuesday Description	Date: ..../..../........ Amount
Total	

Wednesday Description	Date: ..../..../........ Amount
Total	

Thursday Description	Date: ..../..../........ Amount
Total	

Total Expenses: Balance:

Total Expenses: Balance:

Friday	Date: ..../..../........
Description	**Amount**
Total	

Saturday	Date: ..../..../........
Description	**Amount**
Total	

Sunday	Date: .../.../.....
Description	**Amount**
Total	

Notes
_____
_____
_____
_____
_____
_____
_____
_____
_____

Comments:
_____
_____
_____
_____

Expense Tracker (Week)

Month: Week of: Budget:

Monday	Date: ..../..../.......
Description	**Amount**
Total	

Tuesday	Date: ..../..../.......
Description	**Amount**
Total	

Wednesday	Date: ..../..../.......
Description	**Amount**
Total	

Thursday	Date: ..../..../.......
Description	**Amount**
Total	

Total Expenses: Balance:

Total Expenses: Balance:

Friday	Date: ..../..../........
Description	**Amount**
Total	

Saturday	Date: ..../..../........
Description	**Amount**
Total	

Sunday	Date: .../.../.....
Description	**Amount**
Total	

Notes
_____
_____
_____
_____
_____
_____
_____
_____

Comments:
_____
_____
_____
_____

Expense Tracker (Month)

Income 1		
Income 2		
Other income		
Total income		

Expenses

Month

Budget

Bill to be paid	Date Due	Amount	Paid	Note
			O	
			O	
			O	
			O	
			O	
			O	
			O	
			O	
			O	
			O	
			O	
			O	
			O	
			O	
			O	
			O	
			O	
			O	
			O	
			O	
			O	
Total				

Expense Tracker (Month)

Other Expenses	Date	Amount	Note
Total			

Notes

Total Expenses

_____

_____

Total Income

_____

_____

Difference

Expense Tracker (Week)

Month: Week of: Budget:

Monday Description	Date: ..../..../........ Amount
Total	

Tuesday Description	Date: ..../..../........ Amount
Total	

Wednesday Description	Date: ..../..../........ Amount
Total	

Thursday Description	Date: ..../..../........ Amount
Total	

Total Expenses: Balance:

Total Expenses: Balance:

Friday	Date: ..../..../.......
Description	**Amount**
Total	

Saturday	Date: ..../..../.......
Description	**Amount**
Total	

Sunday	Date: .../.../.....
Description	**Amount**
Total	

Notes
_____
_____
_____
_____
_____
_____
_____

Comments:
_____
_____
_____
_____

Expense Tracker (Week)

Month: Week of: Budget:

Monday	Date: ..../..../........
Description	**Amount**
Total	

Tuesday	Date: ..../..../........
Description	**Amount**
Total	

Wednesday	Date: ..../..../........
Description	**Amount**
Total	

Thursday	Date: ..../..../........
Description	**Amount**
Total	

Total Expenses: Balance:

Total Expenses: Balance:

Friday Description	Date: ..../..../........ Amount
Total	

Saturday Description	Date: ..../..../........ Amount
Total	

Sunday Description	Date: .../.../..... Amount
Total	

Notes
_____
_____
_____
_____
_____
_____

Comments:
_____
_____
_____
_____

Expense Tracker (Week)

Month: Week of: Budget:

Monday	Date: ..../..../........
Description	**Amount**
Total	

Tuesday	Date: ..../..../........
Description	**Amount**
Total	

Wednesday	Date: ..../..../........
Description	**Amount**
Total	

Thursday	Date: ..../..../........
Description	**Amount**
Total	

Total Expenses: Balance:

Total Expenses: Balance:

Friday	Date: ..../..../.......
Description	**Amount**
Total	

Saturday	Date: ..../..../.......
Description	**Amount**
Total	

Sunday	Date: .../.../.....
Description	**Amount**
Total	

Notes _____
_____
_____
_____
_____
_____
_____
_____
_____

Comments: _____
_____
_____
_____

Expense Tracker (Week)

Month: Week of: Budget:

Monday Description	Date: ..../..../....... Amount	Tuesday Description	Date: ..../..../....... Amount
Total		Total	

Wednesday Description	Date: ..../..../....... Amount	Thursday Description	Date: ..../..../....... Amount
Total		Total	

Total Expenses: Balance:

Total Expenses: Balance:

Friday	Date: ..../..../........
Description	**Amount**
Total	

Saturday	Date: ..../..../........
Description	**Amount**
Total	

Sunday	Date: ..../..../........
Description	**Amount**
Total	

Notes

Comments:

Expense Tracker (Week)

Month: Week of: Budget:

Monday	Date: ..../..../.......
Description	**Amount**
Total	

Tuesday	Date: ..../..../.......
Description	**Amount**
Total	

Wednesday	Date: ..../..../.......
Description	**Amount**
Total	

Thursday	Date: ..../..../.......
Description	**Amount**
Total	

Total Expenses: Balance:

Total Expenses: Balance:

Friday	Date: ..../..../........
Description	**Amount**
Total	

Saturday	Date: ..../..../........
Description	**Amount**
Total	

Sunday	Date: ..../..../.......
Description	**Amount**
Total	

Notes
_____
_____
_____
_____
_____
_____
_____
_____
_____

Comments:
_____
_____
_____
_____

Expense Tracker (Month)

Income 1		
Income 2		
Other income		
Total income		

Expenses

Month

Budget

Bill to be paid	Date Due	Amount	Paid	Note
			O	
			O	
			O	
			O	
			O	
			O	
			O	
			O	
			O	
			O	
			O	
			O	
			O	
			O	
			O	
			O	
			O	
			O	
			O	
			O	
Total				

Expense Tracker (Month)

Other Expenses	Date	Amount	Note
Total			

Notes

Total Expenses

_____

_____

Total Income

_____

_____

Difference

Expense Tracker (Week)

Month: **Week of:**   **Budget:**

Monday	Date: ..../..../.......
Description	Amount
Total	

Tuesday	Date: ..../..../.......
Description	Amount
Total	

Wednesday	Date: ..../..../.......
Description	Amount
Total	

Thursday	Date: ..../..../.......
Description	Amount
Total	

Total Expenses: Balance:

Total Expenses: Balance:

Friday	Date: ..../..../.......
Description	**Amount**
Total	

Saturday	Date: ..../..../.......
Description	**Amount**
Total	

Sunday	Date: .../.../.....
Description	**Amount**
Total	

Notes
_____
_____
_____
_____
_____
_____
_____
_____

Comments:
_____
_____
_____
_____

Expense Tracker (Week)

Month: Week of: Budget:

Monday	Date: ..../..../.......
Description	Amount
Total	

Tuesday	Date: ..../..../.......
Description	Amount
Total	

Wednesday	Date: ..../..../.......
Description	Amount
Total	

Thursday	Date: ..../..../.......
Description	Amount
Total	

Total Expenses: Balance:

Total Expenses: Balance:

Friday	Date: ..../..../........
Description	**Amount**
Total	

Saturday	Date: ..../..../........
Description	**Amount**
Total	

Sunday	Date: ..../..../.....
Description	**Amount**
Total	

Notes
_____
_____
_____
_____
_____
_____
_____
_____

Comments: _____
_____
_____
_____

Expense Tracker (Week)

Month: Week of: Budget:

Monday	Date: ..../..../.......
Description	**Amount**
Total	

Tuesday	Date: ..../..../.......
Description	**Amount**
Total	

Wednesday	Date: ..../..../.......
Description	**Amount**
Total	

Thursday	Date: ..../..../.......
Description	**Amount**
Total	

Total Expenses: Balance:

Total Expenses: Balance:

Friday	Date: ..../..../.......
Description	**Amount**
Total	

Saturday	Date: ..../..../.......
Description	**Amount**
Total	

Sunday	Date: ..../..../.....
Description	**Amount**
Total	

Notes _____
_____
_____
_____
_____
_____
_____
_____

Comments: _____
_____
_____
_____

Expense Tracker (Week)

Month:　　　　　　　　Week of:　　　　　　　　Budget:

Monday　Date: ..../..../........

Description	Amount
Total	

Tuesday　Date: ..../..../........

Description	Amount
Total	

Wednesday　Date: ..../..../........

Description	Amount
Total	

Thursday　Date: ..../..../........

Description	Amount
Total	

Total Expenses:　　　　　　　　Balance:

Total Expenses: Balance:

Friday	Date: ..../..../........
Description	**Amount**
Total	

Saturday	Date: ..../..../........
Description	**Amount**
Total	

Sunday	Date: ..../..../........
Description	**Amount**
Total	

Notes
_____
_____
_____
_____
_____
_____
_____

Comments:
_____
_____
_____

Expense Tracker (Week)

Month: Week of: Budget:

Monday	Date: ..../..../.......
Description	**Amount**
Total	

Tuesday	Date: ..../..../.......
Description	**Amount**
Total	

Wednesday	Date: ..../..../.......
Description	**Amount**
Total	

Thursday	Date: ..../..../.......
Description	**Amount**
Total	

Total Expenses: Balance:

Total Expenses: Balance:

Friday Description	Date: ..../..../........ Amount
Total	

Saturday Description	Date: ..../..../........ Amount
Total	

Sunday Description	Date: .../.../..... Amount
Total	

Notes

Comments:

Expense Tracker (Month)

Income 1		
Income 2		
Other income		
Total income		

Expenses

Month

Budget

Bill to be paid	Date Due	Amount	Paid	Note
			O	
			O	
			O	
			O	
			O	
			O	
			O	
			O	
			O	
			O	
			O	
			O	
			O	
			O	
			O	
			O	
			O	
			O	
			O	
			O	
			O	
Total				

Expense Tracker (Month)

Other Expenses	Date	Amount	Note
Total			

Notes

Total Expenses   _____

_____

Total Income   _____

_____

Difference   _____

Expense Tracker (Week)

Month: Week of: Budget:

Monday	Date: ..../..../.......
Description	**Amount**
Total	

Tuesday	Date: ..../..../.......
Description	**Amount**
Total	

Wednesday	Date: ..../..../.......
Description	**Amount**
Total	

Thursday	Date: ..../..../.......
Description	**Amount**
Total	

Total Expenses: Balance:

Total Expenses: Balance:

Friday	Date: ..../..../........
Description	**Amount**
Total	

Saturday	Date: ..../..../........
Description	**Amount**
Total	

Sunday	Date: .../.../.....
Description	**Amount**
Total	

Notes
_____
_____
_____
_____
_____
_____
_____
_____

Comments:
_____
_____
_____
_____

Expense Tracker (Week)

Month: Week of: Budget:

Monday	Date: ..../..../........
Description	**Amount**
Total	

Tuesday	Date: ..../..../........
Description	**Amount**
Total	

Wednesday	Date: ..../..../........
Description	**Amount**
Total	

Thursday	Date: ..../..../........
Description	**Amount**
Total	

Total Expenses: Balance:

Total Expenses: Balance:

Friday	Date: ..../..../........
Description	**Amount**
Total	

Saturday	Date: ..../..../........
Description	**Amount**
Total	

Sunday	Date: ..../..../.....
Description	**Amount**
Total	

Notes
_____
_____
_____
_____
_____
_____
_____
_____

Comments: _____
_____
_____
_____

Expense Tracker (Week)

Month: Week of: Budget:

Monday	Date: ..../..../........
Description	**Amount**
Total	

Tuesday	Date: ..../..../........
Description	**Amount**
Total	

Wednesday	Date: ..../..../........
Description	**Amount**
Total	

Thursday	Date: ..../..../........
Description	**Amount**
Total	

Total Expenses: Balance:

Total Expenses: Balance:

Friday	Date: ..../..../.......
Description	**Amount**
Total	

Saturday	Date: ..../..../.......
Description	**Amount**
Total	

Sunday	Date: .../.../.....
Description	**Amount**
Total	

Notes
_____
_____
_____
_____
_____
_____
_____
_____
_____

Comments:
_____
_____
_____
_____

Expense Tracker (Week)

Month: Week of: Budget:

Monday	Date: ..../..../........
Description	**Amount**
Total	

Tuesday	Date: ..../..../........
Description	**Amount**
Total	

Wednesday	Date: ..../..../........
Description	**Amount**
Total	

Thursday	Date: ..../..../........
Description	**Amount**
Total	

Total Expenses: Balance:

Total Expenses: Balance:

Friday Date: ..../..../.......	
Description	Amount
Total	

Saturday Date: ..../..../.......	
Description	Amount
Total	

Sunday Date: .../.../.....	
Description	Amount
Total	

Notes _____
_____
_____
_____
_____
_____
_____

Comments: _____
_____
_____
_____

Expense Tracker (Week)

Month: Week of: Budget:

Monday — Date: ..../..../........	
Description	Amount
Total	

Tuesday — Date: ..../..../........	
Description	Amount
Total	

Wednesday — Date: ..../..../........	
Description	Amount
Total	

Thursday — Date: ..../..../........	
Description	Amount
Total	

Total Expenses: Balance:

Total Expenses: Balance:

Friday	Date: ..../..../........
Description	Amount
Total	

Saturday	Date: ..../..../........
Description	Amount
Total	

Sunday	Date: ..../..../.....
Description	Amount
Total	

Notes
_____
_____
_____
_____
_____
_____
_____
_____

Comments:
_____
_____
_____
_____

Expense Tracker (Month)

Income 1		
Income 2		
Other income		
Total income		

Expenses

Month

Budget

Bill to be paid	Date Due	Amount	Paid	Note
			O	
			O	
			O	
			O	
			O	
			O	
			O	
			O	
			O	
			O	
			O	
			O	
			O	
			O	
			O	
			O	
			O	
			O	
			O	
			O	
			O	
Total				

Expense Tracker (Month)

Other Expenses	Date	Amount	Note
Total			

Notes

Total Expenses

_____

_____

Total Income

_____

_____

Difference

Expense Tracker (Week)

Month: Week of: Budget:

Monday	Date: ..../..../........
Description	**Amount**
Total	

Tuesday	Date: ..../..../........
Description	**Amount**
Total	

Wednesday	Date: ..../..../........
Description	**Amount**
Total	

Thursday	Date: ..../..../........
Description	**Amount**
Total	

Total Expenses: Balance:

Total Expenses: Balance:

Friday	Date: ..../..../.......
Description	Amount
Total	

Saturday	Date: ..../..../.......
Description	Amount
Total	

Sunday	Date: .../.../.....
Description	Amount
Total	

Notes _____
_____
_____
_____
_____
_____
_____
_____

Comments: _____
_____
_____
_____

Expense Tracker (Week)

Month: Week of: Budget:

Monday	Date: ..../..../.......
Description	**Amount**
Total	

Tuesday	Date: ..../..../.......
Description	**Amount**
Total	

Wednesday	Date: ..../..../.......
Description	**Amount**
Total	

Thursday	Date: ..../..../.......
Description	**Amount**
Total	

Total Expenses: Balance:

Total Expenses: Balance:

Friday	Date: ..../..../.......
Description	**Amount**
Total	

Saturday	Date: ..../..../.......
Description	**Amount**
Total	

Sunday	Date: .../.../.....
Description	**Amount**
Total	

Notes
_____
_____
_____
_____
_____
_____
_____

Comments:
_____
_____
_____
_____

Expense Tracker (Week)

Month: Week of: Budget:

Monday	Date: ..../..../.......
Description	**Amount**
Total	

Tuesday	Date: ..../..../.......
Description	**Amount**
Total	

Wednesday	Date: ..../..../.......
Description	**Amount**
Total	

Thursday	Date: ..../..../.......
Description	**Amount**
Total	

Total Expenses: Balance:

Total Expenses:　　　　　Balance:

Friday	Date: ..../..../.......
Description	**Amount**
Total	

Saturday	Date: ..../..../.......
Description	**Amount**
Total	

Sunday	Date: .../.../.....
Description	**Amount**
Total	

Notes _____
_____
_____
_____
_____
_____
_____
_____

Comments: _____
_____
_____
_____

Expense Tracker (Week)

Month: **Week of:**   **Budget:**

Monday	Date: ..../..../.......
Description	**Amount**
Total	

Tuesday	Date: ..../..../.......
Description	**Amount**
Total	

Wednesday	Date: ..../..../.......
Description	**Amount**
Total	

Thursday	Date: ..../..../.......
Description	**Amount**
Total	

Total Expenses: Balance:

Total Expenses: Balance:

Friday	Date: ..../..../.......
Description	**Amount**
Total	

Saturday	Date: ..../..../.......
Description	**Amount**
Total	

Sunday	Date: .../.../.....
Description	**Amount**
Total	

Notes
_____
_____
_____
_____
_____
_____
_____
_____

Comments: _____
_____
_____
_____

Expense Tracker (Week)

Month: Week of: Budget:

Monday	Date: ..../..../.......
Description	Amount
Total	

Tuesday	Date: ..../..../.......
Description	Amount
Total	

Wednesday	Date: ..../..../.......
Description	Amount
Total	

Thursday	Date: ..../..../.......
Description	Amount
Total	

Total Expenses: Balance:

Total Expenses: Balance:

Friday	Date: ..../..../.......
Description	**Amount**
Total	

Saturday	Date: ..../..../.......
Description	**Amount**
Total	

Sunday	Date: ..../..../.....
Description	**Amount**
Total	

Notes
_____
_____
_____
_____
_____
_____
_____
_____

Comments:
_____
_____
_____
_____

www.ingramcontent.com/pod-product-compliance
Lightning Source LLC
Chambersburg PA
CBHW030707220526
45463CB00005B/1947